BEI GRIN MACHT SICH IHR WISSEN BEZAHLT

- Wir veröffentlichen Ihre Hausarbeit, Bachelor- und Masterarbeit

- Ihr eigenes eBook und Buch - weltweit in allen wichtigen Shops

- Verdienen Sie an jedem Verkauf

Jetzt bei www.GRIN.com hochladen und kostenlos publizieren

Bjoern Cebulla

Das philosophische Denken im Mittelalter

GRIN Verlag

Bibliografische Information der Deutschen Nationalbibliothek:

Die Deutsche Bibliothek verzeichnet diese Publikation in der Deutschen National-
bibliografie; detaillierte bibliografische Daten sind im Internet über http://dnb.d-
nb.de/ abrufbar.

Impressum:

Copyright © 2007 GRIN Verlag GmbH
Druck und Bindung: Books on Demand GmbH, Norderstedt Germany
ISBN: 978-3-640-78110-2

Dieses Buch bei GRIN:

http://www.grin.com/de/e-book/113781/das-philosophische-denken-im-mittelalter

GRIN - Your knowledge has value

Der GRIN Verlag publiziert seit 1998 wissenschaftliche Arbeiten von Studenten, Hochschullehrern und anderen Akademikern als eBook und gedrucktes Buch. Die Verlagswebsite www.grin.com ist die ideale Plattform zur Veröffentlichung von Hausarbeiten, Abschlussarbeiten, wissenschaftlichen Aufsätzen, Dissertationen und Fachbüchern.

Besuchen Sie uns im Internet:

http://www.grin.com/

http://www.facebook.com/grincom

http://www.twitter.com/grin_com

Inhaltsverzeichnis

1 Einleitung

Die vorliegende Arbeit soll einen Einblick in das philosophische Denken des Mittelalters bieten. Die Vorgehensweise der Arbeit gestaltet sich so, dass anfangs eine Hauptthese zugrunde gelegt wird. Diese Hauptthese wird dann im Gang der Arbeit durch fünf Einzelthesen näher beleuchtet. Nach Vorstellung und Erörterung der Einzelthesen, sollen diese sinnvoll verzahnt werden, so dass sie anschließend auf die folgende Hauptthese verdichtet werden können.

Hauptthese: Das starke klerische Bedürfnis des Mittelalters reformulierte die säkulare Philosophie der polytheistischen Antike unter den theologischen Anforderungen eines christlichen Monotheismus.

2 Grundlagen

Die in diesem Abschnitt präsentierten Informationen sollen ein Informationsgrundgerüst für das Verstehen der vorzustellenden Thesen darstellen. Deshalb werden sie bewusst kurz gehalten. Da sich Flasch (2001) in seinen Ausführungen zum Problemstand zu Beginn des Mittelalters hauptsächlich dreier Philosophen bedient sollen diese kurz vorgestellt werden, um Ihre Positionen und Gedanken auch im Zusammenhang mit ihrer Person darstellen zu können.

Anicius Manlius Torquatus Severinus Boëthius (*475/480 n. Chr. - † 524/526 n. Chr.) war ein spätantiker christlicher Philosoph. Er entstammte einer vornehmen römischen Aristokraten Familie und hatte daher eine klassische Bildung genossen (vgl. Wöhler 1989, S. 19). Außerdem war er als einziger der drei Philosophen in der Lage die griechischen Texte z.B. die Platons oder Aristoteles im Original lesen.

Augustin (* 354 n. Chr. - † 430 n. Chr.), ist einer der bedeutendsten christlichen Kirchenlehrer und der wichtigste Philosoph an der Zeitenwende zwischen Antike und Mittelalter. Man kann Augustinus als den eigentlichen Begründer der christlichen Philosophie und als bedeutendsten lateinischen Kirchenvater bezeichnen (vgl. Wöhler 1989, S. 11).

Dionysius Areopagita (ca. 500 n. Chr.) ist das Pseudonym eines unbekannten neuplatonisch beeinflussten christlichen Autors, dessen Schriften für die Scholastik von großer Bedeutung waren (vgl. Wöhler 1989, S. 14).

3 Tendenz zum idealistischen Realitätsbegriff

1. These: Angesichts der Instabilität der Lebensverhältnisse im frühen Mittelalter hatte der platonisierende Realitätsbegriff eine Werte stabilisierende und Identifikation ermöglichende Funktion.

Augustin, Boëthius und Dionysius schufen für den Beginn des Mittelalters eine Atmosphäre, die bzgl. bestimmter Fragestellungen und bestimmter Schemata von Antworten relativ homogen war. Sie stimmten in der vorrangigen Aufforderung überein „[…] sich vom Sinnlichen zum Übersinnlichen zu erheben." (Flasch 2001, S. 93). Diese Aufforderung zeigt, dass die Erhebung des Mittelalters zum Übersinnlichen, also zu dem, was nur mit der Vernunft zu erkennen ist, in Kontrast steht zur säkularen Philosophie der Antike. Die Antike zeichnete sich noch durch eine politisch-religiöse Weltsicht der Heiden[1] aus, in der bspw. die Römer versuchten durch Frömmigkeit und moralische Vorbildlichkeit das Wohlwollen der Götter zu gewinnen und ihnen im Gegenzug die Weltherrschaft verliehen wurde (vgl. Klein 1993, S. 614).

Die Gesamtatmosphäre des Mittelalters kann als eine religiös-idealistische bezeichnet werden, „[…] in der der Aufstieg des Einzelnen zum Guten selbst im Vordergrund des Interesses stand." (Flasch 2001, S. 93). Dieses Wirklichkeitskonzept ermöglichte zu sagen, dass oben das göttliche Eine, also das Reich Gottes war und unten die irdische, körperliche Welt. Diese Sichtweise wird von Augustin in seinem Spätwerk *Der Gottesstaat* (De civitate Dei) entwickelt. Hier nimmt er die oben genannte Unterscheidung zwischen irdischem Staat und Gottesstaat vor (vgl. Wöhler 1989, S. 12). Um den Weg von der körperlichen Welt in das Reich Gottes beschreiben zu können bediente er sich einiger Bestandstück des Platonismus.

---

[1] Der ursprünglich abwertend verwandte Begriff des Heidentums, für Menschen, die weder Muslime, Christen oder Juden waren, soll in dieser Arbeit für die Anhänger des Polytheismus der Antike also der antiken Religionen wie bspw. der Römischen Religion gelten.

Mit Platonismus ist die von Platon (*427 v. Chr. - †347 v. Chr.) entwickelte Ideenlehre gemeint. Diese teilt die Welt in zwei Teile: eine sichtbare Welt, die mit den Sinnen wahrnehmbar ist und eine unsichtbare Welt der Ideen, die nur durch die Vernunft erkennbar ist (vgl. Strzysch & Weiß 1998a, S. 98 f.). Dieser von Platon kreierte Idealismus stellte nur die Welt der Ideen als bleibende und existierende Wirklichkeit dar, dem Einzelnen und der Sinneswelt wird die Existenz abgesprochen. Zwar kamen auch Gegentendenzen bzgl. dieses Konzeptes auf, jedoch herrschte für den Weg zu Gott der platonisierende Wirklichkeitsbegriff – „Wirklich ist was bleibt" – vor (vgl. Flasch 2001, S. 94 f.).

Aufgrund der Vorherrschaft dieses Konzeptes wurde dem körperlichen Werden und Sein kaum mehr Beachtung geschenkt und auch geschichtliche Wandlungen waren nicht mehr von Interesse, wenn es um das Finden von Identifikation und Wertestabilität ging. Grund für diese Haltung war, dass alles Körperliche vergänglich und veränderlich war. Es warf also keine Strukturen oder Definitionen ab, die es ermöglicht hätten einen Fixpunkt zur Identifikation darzustellen.

Dass der platonisierende Realitätsbegriff eine identifikationsstiftende und wertestabilisierende Funktion hatte ist besser zu verstehen, wenn man sich die Lebensverhältnisse der damaligen Zeit vor Augen führt. Zu Beginn des Mittelalters hatten die Menschen kaum etwas Sichtbares, mit dem sie sich in Bezug setzen konnten. Es gab zunächst keine Fixpunkte im mittelalterlichen Alltag. Das Alltagsleben stellte sich hart, durchtrieben von Mühsal, schlechten Wohn- und Arbeitsbedingungen und einer geringen Lebenserwartung dar (vgl. Buttinger 2006, S. 72). Die Menschen sahen sich einer mühevollen Welt gegenüber. Dies kann auch an der Bedeutung des Althochdeutschen Wortes *arabeiti* belegt werden, was mit Arbeit, Leiden, Verfolgung, Matern übersetzt werden kann (vgl. Postel 2006, S. 93). Aufgrund dieser Tatsache, dass alles dahinschwand sehnte man sich nach Kontinuität und einer Minimalidentität. Der platonisierende Realitätsbegriff versprach an dieser Stelle Identifikation, da er die wahre Realität als eine unsichtbare, übersinnliche Realität darstellte, die dem Wandel der Zeit trotzte. Somit konnte sich der Grundgedanke der unsichtbaren Realität auch zur Zeit der Wanderungsbewegungen behaupten.

Die Zeit der Völkerwanderungen bildet ein Bindeglied zwischen Spätantike und Mittelalter. Besonders bei den germanischen Großverbänden kam es bis in das 6. Jahrhundert zu ausgedehnten Wanderbewegungen (vgl. Buttinger 2006, S. 14). Dies hatte zur Folge, dass von antiken Städten oft nicht mehr übrig blieb als ihr Name und ihre geographische Lage. Auch nach der Völkerwanderungszeit fand sich in der sichtbaren Sinneswelt nichts mit dem sich die Menschen sinnvoll in Bezug setzen konnten. Die Bauern hatten zwar Grund und Boden, den sie beackerten, jedoch konnten sie immer noch ein anderes Stück Land, durch einen Herren zugewiesen bekommen. Somit hatte auch das Eigentum an Grund und Boden keine identifikationsermöglichende Wirkung (vgl. Buttinger 2006, S. 91 f.). Deshalb blieb vorerst die Neigung sich mit dem unsichtbar Bleibenden zu identifizieren. Erst im 11. Jahrhundert boten die Alltagserfahrungen der Städte einen konkreten Fixpunkt, der es den Menschen ermöglichte sich mit dem Zeitlichen und Geschichtlichen zu beschäftigen.

4 Der „gute" Grund der Welt

2. These: Der Platonismus bot dem Frühmittelalter nicht nur einen jenseitigen Anhalt zur Gewinnung von Identität; „[...] er vermittelte auch die Zuversicht, dass der Grund der Welt gut sei". (Flasch 2001, S. 97).

Das der platonisierende Realitätsbegriff, einen Anhalt zur Gewinnung von Identität ermöglichte, wurde bereits in den Ausführungen zur ersten These verdeutlicht. Doch welche Gründe werden aufgeführt, die zu der „Einsicht" führen, dass der Grund der Welt gut sei?

Nach Flasch (2001, S. 97 f.) gibt es mindestens drei Gründe diese Zuversicht zu teilen. Zum einen finden sich im Werk des Augustins – und nicht nur dort – Hinweise, dass sich die Kirche entgegen ihrer Gründungurkunden Gewalt anwendet, um ihre Ziele zu verfolgen. Es erfolgte eine regelrechte Domestizierung der Menschheit zu Beginn des Mittelalters (vgl. Flasch 2001, S. 97). Diese von der Menschheit durchlittenen Qualen wären psychologisch nicht zu verarbeiten gewesen, wenn nicht der Urheber der Welt – Gott – ein guter Gott wäre. Auch an dieser Stelle wird deutlich, dass man sich vom Polytheismus der Antike verabschiedete und von nun an der Monotheismus das Denken prägte.

Ein zweiter Grund warum der Urheber der Welt ein Guter sein musste ist in der Erschütterung der ethischen Regeln der Antike zu finden (Vgl. Flasch 2001, S. 97 f.). Das Ethos des römischen Soldaten, welches u. a. Disziplin und Gehorsam verkörpert, wurde durch das Ethos der christlichen Urgemeinde, also durch die drei höchsten theologischen Tugenden der Christen: Glaube, Hoffnung und Liebe, erschüttert. Die Menschen im frühen Mittelalter nahmen sich dem guten Gott als moralischen Fixpunkt an, auch wenn dieser inhaltlich leer war. Zumindest bot die Tatsache, dass er ein guter Gott war, Halt im Wandel der Wertvorstellungen.

Ein dritter Grund warum der Grund der Welt gut sein musste, war in dem Auseinanderklaffen von wirklichem Weltgeschehen und den ethischen Erwartungen an dieses Geschehen gegeben. Aufgrund des bestehenden Missverständnisses wurden zwei Prinzipien der Welt angenommen: ein Gutes und ein Schlechtes. Augustin beschreibt dieses als den Kampf zweier Großgruppen (der *civitates*), die sich gegenüberstehen „wie Gut und Böse, wie Heilig und Verworfen." (Flasch 1998, S. 21). Wenn an Erlösung geglaubt wurde, so musste angenommen werden, dass der Gott, ein guter Gott war. Sonst wäre es schwer verständlich, dass Gott die Menschheit in einen schlechten Zustand auf der Erde versetzt, um sie anschließend wieder zu erlösen.

Aufgrund dieser drei Gründe ist es die Idee des Guten, die die moralische Weltkonzeption aufrechterhält und den vielen alltäglichen Enttäuschungen trotzt. Nicht zuletzt werden auch in den Schriften von Augustin und Boëthius „das Gute" oder „das Eine" als vornehmlichste Prädikate für Gott verwandt (vgl. Kobusch 2000, S. 15).

5 Ideenlehre und Partizipation

*3. **These:** Die Ideen sind in Gott; „[…] sie verbinden ihn mit der Welt als deren intelligenten Urheber, der die Vielzahl ihrer Wesensgründe in sich vereint". (Flasch 2001, S. 103).*

Wie bereits die ersten beiden Thesen verdeutlicht haben, war das wahre Glück und ein identitätstiftender Fixpunkt – gemäß dem platonisierenden Realitätsbegriff – im Jenseits als das höchste Gut zu suchen. Um darzustellen wie die drei vorgestellten Philosophen Augustin, Boëthius und Dionysius versucht haben die räumliche Trennung zwischen dem irdischen Reich und dem Reich Gottes – dem Reich der Ideen – aufzuheben muss u. a. Gott als reines Prinzip verstanden werden und Transzendenz als eine auf die Welt bezogene, also immanente Transzendenz aufgefasst werden (vgl. Flasch 2001, S. 102). Transzendenz meint in der christlichen Religion das Überschreiten der Grenze vom irdischen zum himmlischen Leben bzw. Reich (vgl. Strzysch & Weiß 1998b, S. 109). Dazu ist das frühmittelalterliche Weltbild zu berücksichtigen, dass den Kosmos als konzentrisches System von Schalen begreift, wobei die Erde als Scheibe, Rad oder Kugel in der Mittel lag und Gott in der äußersten Himmelsschale zu finden war.

Augustin bedient sich des Johannesevangeliums, um darzulegen, wie Gott als reines Prinzip verstanden werden kann. In Johannes 1,1 (o. V. 2001, S. 1) heißt es: *„Im Anfang war das Wort und das Wort war bei Gott und Gott war das Wort"*. Hierdurch machte er nicht nur deutlich, dass Gott der Schöpfer der Welt war und unterstrich damit abermals den Monotheismus, sondern er verdeutlichte auch, dass das göttliche Denken alle Weltinhalte in sich erzeugen sollte (vgl. Flasch 2001, S. 102). Gottes Denken sollte bestimmte Grundstrukturen bzw. Ideen der Welt schaffen.

Den Begriff der Idee hatte Augustin von Platon in Anlehnung an seine Ideenlehre übernommen. In diesem Zusammenhang ist es wichtig zu bemerken, dass Augustin nicht die gesamte Ideenlehre Platons übernahm, sondern nur die folgenden Aspekte. Die göttliche Vernunft denkt die Ideen als Urbilder der körperlichen Dinge. Diese Urbilder sind das eigentlich Bleibende, die wirkliche Realität, weil sie unveränderlich und unvergänglich sind (vgl. Flasch 2001, S. 45). Dabei sind die Urbilder nicht mit den Sinnen zu erfassen, sondern nur durch die Vernunft zu erkennen (vgl. Wagner 2005, S. 289). Mit den Sinnen zu erfassen ist hingegen die Welt der Dinge – die Sinneswelt. Hier finden sich Abbilder der unveränderlichen Wesensgründe des Ideenreichs wieder (vgl. ebenda).

Der Begriff der Methexis (griechisch für Teilhabe) ist ein ebenfalls von Platon geprägter Begriff, dem in diesem Zusammenhang eine besondere Bedeutung zukommt. Teilhabe meint, dass die Einzeldinge der sinnlichen Welt an den Ideen – den Urbildern – teilhaben und dadurch zu dem werden was sie sind (vgl. Liske 2005, S. 354 f.). Durch die Vorstellung, dass jedes Ding (Abbild) mit dem Wesensgrund bzw. der Idee (Urbild) durch Teilhabe verbunden ist zeigt Augustin, dass Gott die Welt denkend erschaffen hat. Die Transzendenz kann deshalb als auf die Welt bezogen angesehen werden, weil die geschaffene Welt durch Teilhabe mit Gott, genauer gesagt mit den Ideen als göttliches Denken, verbunden ist. Es eröffnet sich somit „[…] im Horizont des endlichen Bewusstseins die Möglichkeit der Teilhabe an einer unveränderlichen Wahrheit." (Schöpf 1970, S. 61 f.). Somit hat jedes Abbild an der Vollkommenheit Gottes teil. Abschließend muss noch auf die besondere Aufgabe der Materie hingewiesen werden, denn sie kreiert in jedem Ding Zufälliges. Hierdurch wird verhindert, dass Abbild und Urbild identisch sind.

6 Epochaler Wandel des Personbegriffs

In diesem Teil der Arbeit soll der Wandel des Personbegriffs kurz vorgestellt werden. Dabei liegt der inhaltliche Fokus natürlich auf der Deutung des Begriffs aus der Sicht des frühen Mittelalters. Die Sichtweisen der Antike und der Neuzeit werden lediglich als Kontrast vorgestellt.

6.1 Der Personbegriff der Antike

Zu Beginn soll der „Personbegriff" der Antike kurz dargestellt werden. Der vorhergehende Satz ist schon von der Warte aus problematisch, dass dem griechischen Denken ein Begriff für *Person* fehlte. Das damalige antike Denken verstand den Menschen von seinen Erfahrungen her und von dem was er sah, denkt und wonach er strebte (vgl. Flasch 2001, S. 119). Etymologisch stammt *Person* vom griechischen „prosopon" (vgl. Mohr 2001, S. 26). Der Begriff bedeutete sowohl Antlitz des Menschen als auch künstliches Gesicht, Maske und Rolle (vgl. ebenda). Über das lateinische „persona" hat der Begriff Eingang in die Philosophiegeschichte gefunden. In Ciceros Schrift *De officiis* werden die folgenden vier Gesichtspunkte der sittlichen Beurteilung *personae* genannt (Mohr 2001, S. 26):

(1) allgemeine Vernunftfähigkeit

(2) individuelle Natur

(3) Zeitumstände

(4) eigene Entscheidung / Lebenswahl

Die Begriffe *persona* bzw. *personae* stehen nicht für einzelne Lebewesen, sondern für verschiedene Funktionen, die Menschen übernehmen.

6.2 Der Personbegriff des Mittelalters

Um nun den Fokus auf den Personbegriff des Mittelalters zu legen, soll im Folgenden der Personbegriff des Boëthius exemplarisch vorgestellt werden, da er für das mittelalterliche Denken von klassischer Bedeutung war (vgl. Mensching 2005, S. 13).

4. These: *Nach Boëthius ist eine Person nichts anderes als eine „individuelle Substanz rationaler Natur" (vgl. Flasch 2001, S. 118).*

Der Personbegriff erhielt im Mittelalter eine substanzphilosophische Neudeutung. Grund für die Neudeutung war, dass die christliche Trinitätslehre die Dreifaltigkeit Gottes – die Einheit der drei Personen des göttlichen Wesens: Vater, Sohn, Heiliger Geist – begrifflich nicht konsistent auslegen konnte (vgl. Sturma 2001, S. 340). Da das göttliche Wesen als Substanz bezeichnet wurde konnten Vater, Sohn und Heiliger Geist nicht mehr ohne weiteres vom Wesen der Gottheit unterschieden werden. Es musste also ein neuer Ausdruck gefunden werden. Zur Lösung dieser Aufgabe mussten zwei Fragen geklärt werden (vgl. Kreuzer 2001, S. 60):

- Wie ist das Verständnis von Person bzgl. der Dreiheit der göttlichen Personen in der einen Natur Gottes?
- Wie ist das Verständnis von Person bzgl. der Einheit von göttlicher und menschlicher Natur in der Person Jesu?

Aufgrund der Tatsache, dass Boëthius Substanz zu einem Leitbegriff des mittelalterlichen Denkens gemacht hatte, kann sein Personbegriff auch als substanzontologischer Ansatz bezeichnet werden (vgl. Kreuzer 2001, S. 63). Boëthius übernahm das Substanz-Akzidenz-Schema des Aristoteles zur Bestimmung von Gegenständen (vgl. Flasch 2001, S. 115). Dies hatte einschneidende Folgen für sein Verständnis von Natur. Natur war demnach die ein jedes Ding bestimmende spezifische Differenz; daraus folgt, dass nur bestimmte Naturen Personen sind (vgl. Kreuzer 2001, S. 64). Deshalb unterscheidet Boëthius den Bereich der Natur weiter in Substanzen und Akzidenzien (Eigenschaften). Da der Begriff der Person nicht Eigenschaft sein kann, muss er bei den Substanzen zu finden sein. Diese unterteilt Boëthius weiter in allgemeine und besondere Substanzen. Allgemeine Substanzen wie Mensch, Lebewesen, Stein werden von besonderen Substanzen ausgesagt. Die besonderen Substanzen werden ihrerseits von keinem anderen ausgesagt (vgl. Flasch 2001, S. 118). Der Begriff Person bezieht sich nicht auf allgemeine Substanzen, sondern auf einzelne. Hieraus folgt die klassische Definition des Boëthius, die Person als „individuelle Substanz rationaler Natur" zu verstehen (vgl. ebenda). Die Abbildung 1 verdeutlich wie Boëthius die Einteilung der Substanzen mittels der Dihairese – einem formalen Einteilungsverfahren – vornimmt.

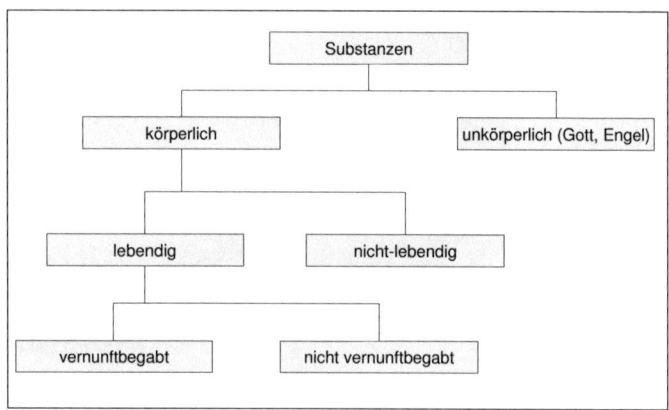

Abbildung 1: Ableitung der Person aus der Substanz (vgl. Flasch 2001, S. 118)

Boëthius vertritt dabei ein dinghaftes Verständnis von Person. Die Dingvorstellung galt für die gesamte nicht-göttliche Wirklichkeit als angemessen, während Ineinanderströmendes Leben, seinsbestimmende Interdependenz und wesenhafte Tätigkeit zum exklusiven Privileg Gottes werden (vgl. Flasch 2001, S. 166 f.). Was Rationalität in diesem Zusammenhang bedeutet wird inhaltlich nicht erläutert; ebenso wenig ist Selbst-Verstehen für die Daseinsweise nicht notwendig. Nur durch den Leitbegriff der Substanz gelangt Boëthius zum Personbegriff.

Dieses klassifikatorische Denken im Sinne der Kategorialanalyse erlaubt ihm zu sagen, dass es in Christus ein menschliches und ein göttliches Wissen und ein menschliches und ein göttliches Wollen, also zwei Bewusstseine gibt, aber nur von einer Person die Rede ist (vgl. Flasch 2001, S. 121). Entsprechend sind Vater, Sohn und Heiliger Geist drei Personen in einem Gott. Die Person wird also nur als Träger von Bewusstsein verstanden.

6.3 Der Personbegriff der Neuzeit

Im 17. Jahrhundert wird der Begriff der Person und der Identität von John Locke neu diskutiert. Ausgangspunkt für die Theorie Lockes sind wiederum theologische Überlegungen bzgl. der Trinität und dem Leben nach dem Tod. Er erweitert jedoch die Diskussion in dem er moralische und rechtliche Grundfragen, der Zurechenbarkeit von Handlungen und der Verantwortlichkeit für Handlungen aufwirft (vgl. Mohr 2002, S. 17). John Locke richtet seinen Fokus vor allem auf den Identitätsaspekt personalen Selbstbewusstseins und personaler Selbsterkenntnis des Selbstbewusstseins. D.h. er stellt bewussten Bezug auf sich selbst, die freie Urheberschaft von bewussten Handlungen und die Verantwortlichkeit nach ethischen Normen in den Mittelpunkt seiner Ausführungen.

Locke begründet also einen entscheidenden Umbruch in der Begriffsgeschichte von Person, in dem er eine Person als „[…] intelligentes und denkendes Wesen […], das über Vernunft, Reflexionsvermögen, Selbstbewusstsein und die Fähigkeit verfügt, sein Leben über längere Zeit hinweg überlegt führen zu können" begreift (Sturma 2001, S. 340). Der dinghafte boëthianische Begriff der Person des Mittelalters deckt sich also nicht mit dem Gedanken der Neuzeit, der den Mensch ethisch-politisch definiert, durch Freiheit, Verantwortung und Menschenrechte.

7 Natur

In der Spätantike war die Erforschung der Natur auf die Herausarbeitung des Exempelhaften und Wunderbaren zusammengeschrumpft. Erst im 12 Jahrhundert erwuchs ein Impuls zu exakter, empirischer Naturerforschung und Medizin. Bis dahin herrschte eine moralisch-religiösen Kontemplation, der Naturerscheinungen vor (vgl. Flasch 2001, S. 129). Kontemplation meint in diesem Zusammenhang eine reine Anschauung bzw. beschauliche Betrachtung der Naturerscheinungen. Der Zusatz moralisch-religiös wird dadurch deutlich, dass man zwar rationale Kosmologie wollte, jedoch nur soweit sie einer „[…] ‚realistischen' Bibelinterpretation und Institutionssicherung nicht im Wege stand." (Flasch 2001, S. 130).

Diese Aufforderung macht sich auch in den Nachschlagewerken des frühen Mittelalters bemerkbar. Diese Werke waren oft direkt oder indirekt von den Büchern des Plinius, einem römischen Gelehrten (* 23 n. Chr. – † 79 n. Chr.) abhängig. Sein naturwissen-schaftliches Werk über Naturgeschichte (*Naturalis historia*) ist eine unfangreiche Enzy-klopädie, die in 37 Büchern das naturkundliche Wissen seiner Zeit darstellt. Bei ihm wechselten sich eigene Beobachtungen aus den Bereichen Kosmologie, Schilderung der Erdteile, Menschen, Tiere etc. und Wundergeschichten (z. B. über Einhörner) ab. In diesen Nachschlagewerken wurde auch das Weltbild des frühen Mittelalters festgelegt. So stand die Erde, als vom Ozean umflossenes Rad (Isidor † 636) oder als Kugel (Beda † 735) immer im Mittelpunkt. Die Erde wurde von konzentrischen Schalen umkreist, wobei über der letzten Sphäre der Himmel und die Engel waren. Dieses frühmittelalter-liche Weltbild musste also eine moralisch-religiöse Kontemplation widerspiegeln, um im Einklang mit Bibelinterpretation und Institutionssicherung zu stehen.

5. These: *Augustins Naturverständnis hatte den Zweck einer raffinierten Verteidigung seines Gottverständnisses*

Augustin beschreibt im 21. Buch seines Werkes *Gottesstaat* wie die Leiber der Ver-dammten im ewigen Feuer gepeinigt werden, aber nicht verzerren (vgl. Perl 1979, S. 645 ff.). Er erklärt das Nicht-Verzerren der Leiber damit, dass noch soviel Unerklär-liches in der Natur liegt. Immer wieder zählt er rätselhafte Naturerscheinungen auf. Er spricht bspw. „[…] von Würmern in Sprudeln so heißer Gewässer, daß kein Mensch sie aushalten würde, während diese Würmer nicht nur unverletzt darin leben, sondern au-ßerhalb gar nicht existieren können." (Perl 1979, S. 645 f.).

Augustin sucht absichtlich das Rätselhafte in der Natur, um die Berufung auf Naturge-setze zum Schweigen zu bringen. Er wollte das Vertrauen auf jedwede Regelmäßigkeit in der Natur erschüttern. Hierdurch betont er, dass die Allmacht Gottes in der Natur grenzenlos ist (vgl. Perl 1979; S. 651). Auf diese Art und Weise kann er den Kritikern seiner Höllenvision auf die Frage wie das Nicht-Verzerren der Leiber im ewigen Feuer zustande kommt antworten, dass dies ein weiterer Beweis der Weite und Rätselhaftig-keit der Natur und somit auch der Allmacht Gottes ist. Abschließend lässt sich deshalb feststellen, dass Augustin die Naturerfahrungen zwecks Verteidigung seines christlichen Glaubens – im Speziellen seiner Höllenvision – instrumentalisiert hat.

Was wir heute Naturwissenschaft nennen war für Augustin nichts anderes als verwerfliche Neugier, „[…] weil sie nicht darauf abzielt, über die sichtbare Natur hinauszugehen." (Flasch 2001, S. 128). Die heutige sachlogisch geordnete Naturwissenschaft hat einen rein weltlichen Bezug. Sie versucht die unbelebte und belebte Natur beschreiben und zu erklären. Sie möchte Zusammenhänge aufdecken und alles Rätselhafte erforschen.

8 Fazit

Während sich die Antike noch durch eine politisch-religiöse Weltsicht der Heiden auszeichnete, verdeutlichen die vorgestellten Abschnitte, dass das frühmittelalterliche Denken stark daran interessiert war den Monotheismus zu erklären und zu wahren. Zu diesem Zweck bedienten sich seine Vertreter zahlreicher Theorien der polytheistischen Antike, wenn auch in teilweise abgeänderter Form. In den Abschnitten 3, 4 und 5 finden sich bspw. große Teile der Ideenlehre Platons wieder. Im 6. Abschnitt bedient sich Boëthius des Substanz-Akzidenz-Schemas des Aristoteles, um den Personbegriff zu definieren und auch im 7. Abschnitt beeinflussen die antiken Schriften des Plinius das frühmittelalterliche Weltbild. Im Folgenden soll ein kurzer Rückblick auf die behandelten Abschnitte die Relevanz der anfangs aufgestellten Hauptthese kompakt verdeutlichen.

Hauptthese: Das starke klerische Bedürfnis des Mittelalters reformulierte die säkulare Philosophie der polytheistischen Antike unter den theologischen Anforderungen eines christlichen Monotheismus.

Die Ausführungen zur Tendenz zum idealistischen Realitätsbegriff (vgl. Abschnitt 3) haben verdeutlicht, dass sich die Menschen, geplagt von Mühsal, Krankheiten, Veränderungen, Wanderungsbewegungen etc. nach Identität und Wertestabilität sehnten. Sie suchten nach etwas zu dem sie sich in Bezug setzen konnten – etwas das bleibend war. Diese identifikationsstiftende Wirkung hatte der platonisierende Realitätsbegriff, der die ewigen göttlichen Ideen als unsichtbare, übersinnliche Realität darstellte, die dem Wandel der Zeit trotzten. Auch in den Abschnitten 4 und 5 wird der Monotheismus zum „Leitgedanken" erhoben. Dies lässt sich sowohl durch die Aussagen zum „guten Gott" (vgl. Abschnitt 4), der als moralischer Fixpunkt Wertestabilität verspricht als auch durch die Erkenntnis aus der Differenzierung zwischen Wesen und Ding in der von Augustin wieder aufgegriffenen Ideenlehre (vgl. Abschnitt 5) verdeutlichen.

Das starke klerische Bedürfnis des Mittelalters wird auch in Abschnitt 6 sehr deutlich, da es nur einen Grund für Boëthius gab den Personbegriff zu „suchen" bzw. definieren: Er wollte der christlichen Trinitätslehre einen Dienst erweisen und zur konsistenten Auslegung der Dreifaltigkeit Gottes – der Einheit der drei Personen des göttlichen Wesens: Vater, Sohn, Heiliger Geist – beitragen. Abschließend spiegelt die Instrumentalisierung der Naturbetrachtung des Augustin in Abschnitt 7 ebenfalls in beeindruckender Art und Weise die raffinierte Verteidigung (Apologetik) seines christlichen Glaubens (Monotheismus) und die Allmacht Gottes des frühen Mittelalters wider.

Literaturverzeichnis

Buttinger, S. (2006). *Das Mittelalter*. Stuttgart: Theiss.

Flasch, K. (1988). *Hauptwerke der Philosophie. Mittelalter*. Stuttgart: Reclam.

Flasch, K. (2001). *Das philosophische Denken im Mittelalter: von Augustin bis Machiavelli* (2. Aufl.). Stuttgart: Reclam.

Klein, R. (1993). Augustinus. In I. Fetscher (Hrsg.), *Pipers Handbuch der politischen Ideen. Mittelalter: Von den Anfängen des Islams bis zur Reformation* (S. 612-617). München: Piper.

Kobusch, T. (2000). *Philosophen des Mittelalters*. Darmstadt: Primus.

Kreuzer, J. (2001). Der Begriff der Person in der Philosophie des Mittelalters. In D. Sturma (Hrsg.), *Person. Philosophiegeschichte – Theoretische Philosophie – Praktische Philosophie* (S. 25-37). Paderborn: Mentis.

Liske, M. - Th. (2005). Methexis / Teilhabe. In O. Höffe (Hrsg.), *Aristoteles-Lexikon* (S. 354-356). Stuttgart: Kröner

Mensching, G. (2005). *Selbstbewusstsein und Person im Mittelalter*. Würzburg: Königshausen & Neumann.

Mohr, G. (2001). Einleitung: Der Personbegriff in der Geschichte der Philosophie. In D. Sturma (Hrsg.), *Person. Philosophiegeschichte – Theoretische Philosophie – Praktische Philosophie* (S. 25-37). Paderborn: Mentis.

Mohr, G. (2002). *Was ist eine Person. Begriffsgeschichte und aktuelle philosophische Diskussionen*. Bremen: Zentrum philosophische Grundlagen der Wissenschaft.

o.V. (2001). *Johannesevangelium.* URL: http://www.bibel-online.net/buch/43.johannes/1.html#1,1 [Stand 16.12.2007].

Perl, C. J. (1979). *Der Gottesstaat. De civitate dei. Buch XV-XXII.* Paderborn [u. a.]: Schöningh.

Postel, V. (2006). *Arbeit im Mittelalter. Vorstellungen und Wirklichkeiten.* Berlin: Akademie.

Schöpf, A. (1970). *Augustinus. Einführung in sein Philosophieren.* München: Alber.

Sturma, D. (2001). Person und Menschenrechte. In D. Sturma (Hrsg.), *Person. Philosophiegeschichte – Theoretische Philosophie – Praktische Philosophie* (S. 337-363). Paderborn: Mentis.

Strzysch, M. & Weiß, J. (1998a). *Meyers grosses Taschenlexikon.* Band 17 (6. Aufl.). Mannheim [u. a.]: B.I.-Taschenbuchverlag.

Strzysch, M. & Weiß, J. (1998b). *Meyers grosses Taschenlexikon.* Band 22 (6. Aufl.). Mannheim [u. a.]: B.I.-Taschenbuchverlag.

Wagner, T. (2005). Idea / Idee. In O. Höffe (Hrsg.), *Aristoteles-Lexikon* (S. 288-291). Stuttgart: Kröner

Wöhler, H. - U. (1989). *Geschichte der mittelalterlichen Philosophie.* Berlin: VEB